Sascha Michael Campi

Lebenskurs

Ein moderner Gedichtband

www.smc-books.ch

Impressum

© 2019 Sascha Michael Campi
(smc-books.ch), Bern

Satz:	smc-books.ch
Umschlagbild:	smc-webdesign.ch
Lektorat:	Angelina S.
Grafische Beratung:	smc-webdesign.ch
Herstellung und Verlag:	BoD- Books on Demand, Norderstedt
Verwendete Schriften:	Garamond, Ink Free
Papier:	Inhalt 90g/m²
Bilder:	lizenzfreie Bilder aus dem Internet
Autorenfoto:	Sandra Blaser Photography
ISBN 978-3-7494-8497-3	

Inhalt

Lebenskurs

Aufhalten am Tiefpunkt
erscheint endlos lang.
Die Hochs rasant vergänglich,
die Schwankungen immens,
massiver Wandel.

Präzise Erahnung
kann man erlernen,
Signale kombinieren,
Indikatoren bestimmen,
Trends entdecken.

Das Glück als Variable,
ein minimes Element.
Wissen addiert
mit effektiver Planung,
führt zu Erfolg,
zu rentablen Jahren.

Wer Volatilität kann deuten,
wird richtig setzen.
Wer Eifer nutzt,
erhöht die Qualität
des Lebens.

Entmystifizierung gilt
als geheimer Vorgang
der Gescheiten.
Entgegen fauler Blindheit,
den Wissensstand erweitern.

Unwissenheit geschützt
von enormer Arroganz.
Bescheiden ist der Weise
und im Kopf wie Leben
ein Quantum reicher.

Illusionäre Werte

Sie kaufen Materielles,
beglücken den Moment.
Die Dauer gering,
die Gier wachsend.

Beständiges Glück
ist schwer zu erlangen.
Das Materielle überschätzt,
der Sinn des Lebens
verblendet.

Materielles ist vergänglich,
wie auch der Mensch.
Optionsreich das Leben,
gefordert Disziplin,
simpel die Lösung.

Geborgenheit und Liebe,
verteilen und erhalten.
Werte vermitteln,
Generationen prägen,
Illusionen spalten.

Falsche Idole
verleiten die Jungen.
Falsche Werte als Ziele,
der Weg verbaut,
die Zukunft verdorben.

Familie und Verantwortung
steigert Glück und Leben.
Früh ist zu lernen,
nehmen ist einfacher,
geben ist schöner.

Fanatismus

Ich kenne so Viele,
die vom Paradies gerne reden.
Das Leben nach dem Tod,
gemessen am Resultat des Lebens.

Im Leben gut säen,
um später zu ernten.

Geblendet von Worten,
poetischen Schriften,
entstanden von Menschen,
wird Pergament schwer gewichtet.

Fanatismus macht blind,
verblendet die Sinne.
Himmel und Hölle
werden geschaffen auf Erden.

So viel Krieg und Elend
auf die Frage, wessen ist besser.
Täglich sterben Menschen
in einem Krieg ohne Ende.

Das Paradies individuell geschaffen,
in den Köpfen von Utopisten,
doch wär's real auch ein Fehler,
denn der Mensch würd's verändern.

Ein Fanal,
fast eine Ironie des Lebens,
was der Mensch nicht erhält,
kann er auch nicht zerstören.

Der Weg des Lebens

Ich versuche zu realisieren,
eure Art vom Leben zu verstehen.

Meine Gedanken sie kreisen,
mein Herz setzt sich zur Wehr.
Der Mensch braucht Geborgenheit
und stets eine Waage.
Eine Person des Vertrauens,
um ihm die Wahrheit zu sagen.

Im Leben kann's passieren,
dass man seinen Weg muss verlassen.
Und was man lange geliebt hat,
man plötzlich hasst.

Das Resultat des Lebens
enthält viele Momente.
Summiert mit unseren Entscheidungen
Ergibt sich eine Vielzahl von Wegen.

Ist der Kreis erst geschlossen,
ist es für alle zu spät,
alle Argumente gebrochen,
es folgt der ewige Schmerz.

Im Jetzt liegt unsere Chance.

Marionetten

Gezielt auf Einfachheit,
das Erreichte konträr.
Technik als Hilfe,
den Menschen entlastend,
die Anforderungen schwer.

*Das Sinnvolle gering,
der Überfluss enorm ...*

Tagtäglich erreichbar,
jede Bewegung ersichtlich.
Der Mensch fühlt frei,
akzeptiert innerlich jedoch
unbewusst Kontrolle.

*Benutzt wird Gier,
die Freimaurer gewinnen ...*

Aufmerksamkeit eine Droge,
der Moderne süchtig.
Jedes Foto wird gepostet,
alle Erlebnisse geteilt.
Aber wozu?

*Die Antwort offenbar verschollen,
die Frage bleibt offen ...*

Zu Marionetten geformt,
ohne zu erkennen.
Respekt den Erschaffern,
welche kontrolliert
aus dem Hintergrund lenken.

Lebensoper

Das Leben wie ein Konzert,
vergleichbar mit der Oper.
Von Oben dirigiert,
von Unten improvisiert.

Eine gelungene Symphonie,
gezielt auf Perfektion.
Komponiert
fast wie ein Klassiker.

Die Instrumente im Wandel,
wie die Gefühle des Menschen.
Das Publikum begeistert,
überwältigt vom Klang.

Die Geige sanft gespielt,
erinnert an Liebe.
Der Kontrabass markant,
schwingende Trauer.

Das Bühnenbild graziös,
ein Spiegel des Lebens.
Voller Liebe und Schmerz,
gebrochenen Dramen.

Die Artisten eingedrungen
ins gespielte Element.
Jede Silbe ein Pfeil
mitten ins Herz.

Der letzte Ton gespielt,
die Künstler sich verneigend.
Die Kritik im Nachgang,
am Applaus gemessen.

Maskenmeister

Ein jeder nutzt sie,
verfügt über sein Repertoire,
der eine unbewusst,
der andere gezielt.

Für sämtliche Lebenslagen,
jede Kategorie des Gegenübers,
passende vorhanden,
um Repräsentation zu gestalten.

Ob zur Täuschung,
Überzeugung oder zum Trost,
genutzt für den Zweck,
oft das goldene Los.

Gefährlich die,
welche ihr Repertoire missbrauchen,
täuschen für Böses,
den Guten schaden.

Meister der Masken
werden oft unterschätzt,
selten erkannt,
wenn doch, meist zu spät.

Aber Masken vergehen,
schmelzen wie Wachs.
Geduld bewirkt Wunder,
zeigt wahre Gesichter.

Freundschaft braucht Zeit.

Wahrheit

Ihre Existenz ein Mythos,
selbst gewollt nie rein.
Prozentuale Unterschiede
zwischen ja und nein.

Ein kurzer Moment,
verschieden perspektivisch betrachtet,
differenziert wiedergebbar,
mehr variantlich verstanden.

Lügen sind erkennbar
und Wahrheiten breit.
Der Mensch entscheidet
intuitiv über Wahres.

Vergangenes unrepetierbar,
allein in Köpfen vorhanden.
Obschon gedanklich verankert,
nur subjektiv verstanden.

Ehrliche Schilderungen
enthalten unbewusst Lügen.
Reine Wahrheit vergangen,
wenn der Moment vorüber.

Identität

Wer bin ich,
beschäftigt mich die Frage.
Der Versuch zu definieren,
eine Irrfahrt im Meer.

Ein bizarres Gefühl,
zerbröckelt die Identität.
Temporäre Varietäten
scheinen plötzlich fest.

Der gezwungene Weg
zeigt seine Spuren.
Der Kompass rotierend,
die Orientierung verloren.

Musik, Bilder,
Erinnerungen durchstöbernd,
auf der Suche nach mir,
neu geboren.

Der Zeiger zeigt Norden,
das Schiff auf Kurs,
der Himmel blau,
die Selbstzweifel verflogen.

Vergiss nie wer Du bist.

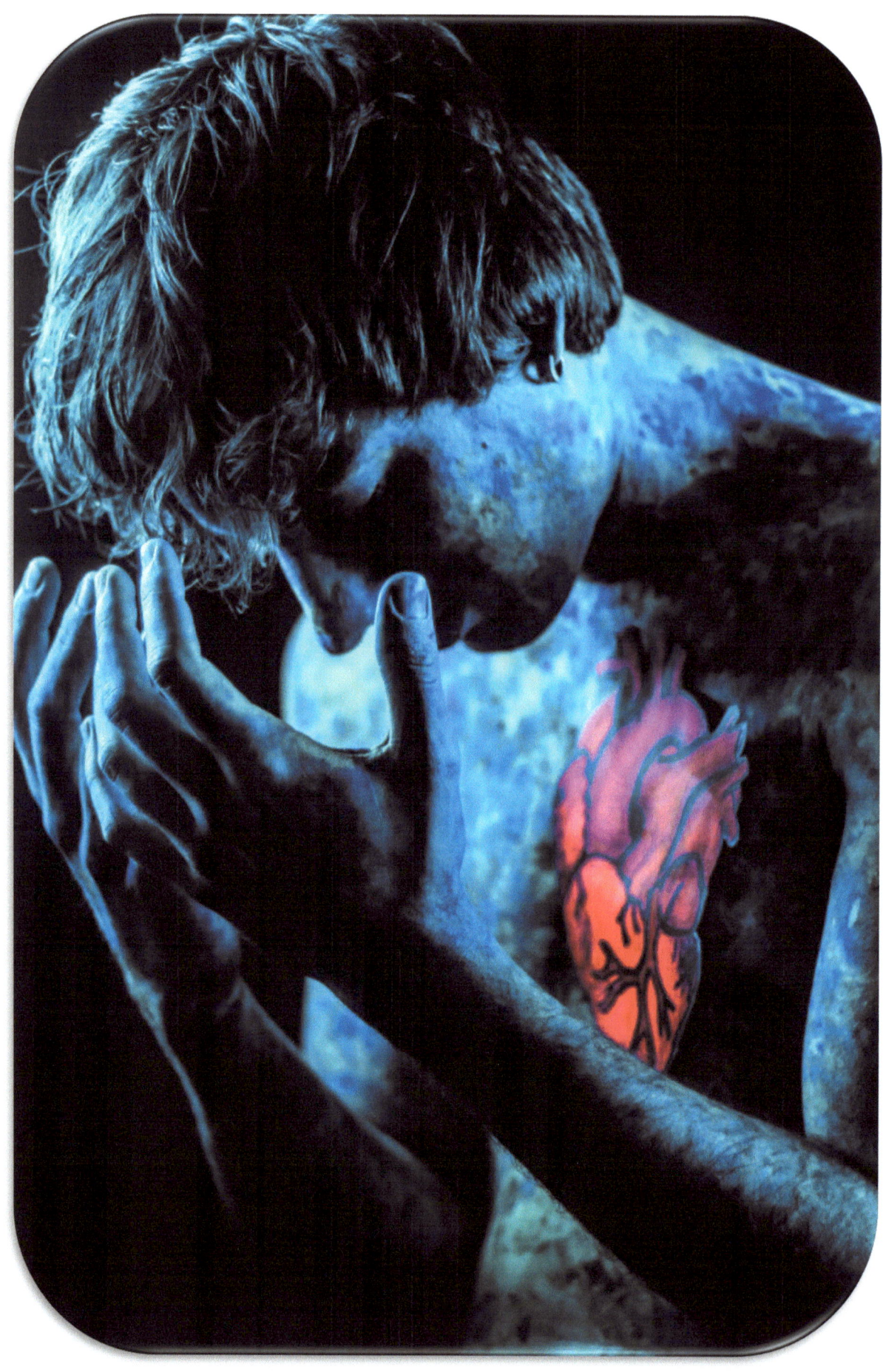

Unumgänglich Schluss

Ein Fall nach unten,
das Glas zerbrochen,
synchron
mit meinem Herz.

Hättest mich betrogen,
einmalig der Fehler.
Die Handlung bewusst,
intrigant belogen.

Das Herz sei standhaft,
nur der Körper verliehen.
Unsinnige Erklärung,
bewusst die Schuld.

Schwer zu glauben,
gedanklich bisher fremd.
Unser Liebesschwur entweiht,
die Nerven geschwollen.

Ich müsse verstehen,
dazu noch verzeihen.
Für blöd gehalten,
besser schweigen.

Versicherte Einmaligkeit,
das einzig Wahre.
Wiederholung ausgeschlossen,
kann ich bejahen.

Der Schluss unumgänglich,
für mich besiegelt.
Das Glas wird ersetzt
und Du verlassen.

Herzpochen

Eiserne Ketten
umschlingen mein Herz.
Das Volumen will wachsen,
bei jedem Pochen
ein Schmerz.

Dein Wille im Einklang
mit deinen Gefühlen.
Ich steh auf Blockade,
meine Vernunft
duelliert mit der Liebe.

Hab oft erwidert,
am Ende enttäuscht.
Die Gefahr vor Versagen,
bisher unbekannt,
jetzt existent.

War stets ein Adler,
in der Höhe und frei.
Niemals gezähmt,
fern vom Käfig,
gewohnt allein.

Die goldenen Gitter,
mit Dir verlockend.
Für dein Herz nicht fair,
ein fataler Betrug,
am Ende gebrochen.

Liebe heisst Schutz
und nicht verletzen.
Risiko birgt Schmerz,
manchmal muss man
verzichten.

Mein Herz am Pochen,
ich schwinge meine Flügel.
Besser ein Ende,
bitte verstehe, ich gehör in die Lüfte.

Ironie

Ein Mann, der trinkt,
welcher zu Drogen greift,
von der Zivilisation getrennt,
von Blicken verbannt,
von der Gesellschaft verachtet.

Ein Prominenter, der trinkt,
welcher zu Drogen greift,
wird von der Masse bejubelt,
mit Auszeichnungen überhäuft,
als Kultureller bezeichnet.

Eine Frau, reizvoll gekleidet,
welche ihre Formen nutzt,
wird als Dirne betitelt,
an den Rand gestellt,
der Unmoral bezichtigt.

Eine Prominente, reizvoll gekleidet,
welche ihre Formen nutzt,
wird als Ikone vergöttert,
von Magazinen interviewt,
als Star gefeiert.

Die Bevölkerung spiessig,
es fehlt ihr an Mut.
Helden, massenhaft vorhanden,
in Hüllen verpackt,
müssen sich nur entfalten.

Väter, die arbeiten,
Mütter, die erziehen.
Ihre Leistung gewaltig,
sind in der Praxis
die wahren ...

Schutzengel

Du bist stets bei uns,
da bin ich mir sicher.
Unsichtbar, real,
für viele ein Mythos,
im Wahren so nah.

Deine Zeichen sichtbar,
Menschenaugen verschlossen.
Der Verstand irritiert,
vom Selbstbetrug gedrosselt.

Zwingende Priorität ist es,
Signale zu deuten,
unser Inneres zu öffnen,
Illusionen zu entlarven.
Das Leben hat Konsequenzen.

Signale im Nachgang erkennen,
ist keine Kunst.
Schon gar nicht
für den Geist von heute.

Die Technik gut entwickelt,
doch der Mensch steht still.
Sein Streben blockiert,
humane Priorität hat,
was er will.

Elementare Fragen offen,
Von Antworten weit entfernt.
Das Universum setzt Zeichen,
Blindheit regiert,
macht die Menschheit träge.

Irreparabel

Eroberung des Bodens,
dann des Himmels.
Was rein war,
heute vergiftet.

Wir kennen die Fehler,
verteilen die Schuld.
Niemand steht gerade
und der Schaden
ist irreparabel.

Von Kerosin auf Elektro,
von Atom auf Solar.
Die Alternativen gewaltig,
das Interesse rar.

Gerechnet wird in Geld,
das Resultat heisst Schaden.
Wortwellen überfluten Massen,
Politiker sprechen von Liebe,
erinnern dabei an Hassen.

Theoretisch herrscht Frieden,
praktiziert wird Krieg.
Menschen kontra Natur,
wer wird siegen?

Durch den Big Bang,
der Humane erschaffen.
Durch Ignoranz und Gier
mit atomarem Knall,
die Welt verlassen.

Keine Freunde

Wir stehen Dir bei,
wärmend, beruhigend,
rettende Worte.
Das Gemeinte labil,
im Ernstfall gelogen.

Jetzt stehe ich hier,
alleine, einsam,
total verlassen.
Steh im Regen nass,
ohne Schirm.

Angebliche Freunde,
selbsternannt, treu,
stets verlässlich.
Unverdient der Titel,
beschämend ergattert.

Ihr behauptet mein
Denken, Handeln,
alles zu kennen.
Konträr geglaubt,
des fremden Lügen.

Ironisch geglaubt,
blind, direkt,
ohne Skepsis.
Lachen ins Gesicht,
das Messer im Rücken.

Die Wahrheit
gewonnen, bewiesen,
die Zweifel verflogen.
Entschuldigungen regnend,
mein Schirm schützend.

Ich blicke zurück,
rhetorisch, lächelnd,
ungetäuscht sicher.
Meine Freunde definiert.
Ihr seid es nicht.

Pseudo-Wandel

Der Pöbel verachtet,
die Krone verehrt.
Die Monarchie gestorben,
ihr Gerüst am Leben.

Könige wurden Minister,
Ritter zu Soldaten.
Aus Sklaven wurden Arbeiter,
Narren zu Politiker.

Einst genannt Schlacht,
heisst heute Krieg.
Gekämpft wurde um Länder,
heute um Papier,
genannt Gelder.

Fortschritt wirkt gewaltig,
aber die Differenz ist minim.
Schönrederei dämpft Sorgen,
maximal für den Moment,
nicht bis morgen.

Die Benennung im Wandel,
das System stabil.
Die Verteilung nicht fair,
der Hunger verbreitet.

Genug wär vorhanden,
würde die Gier nicht fordern.
Fühlen uns modern,
aber das ist gelogen.

Politisieren

Humanitäre Hilfe,
um die Wahl zu fördern.
Versprechen ans Volk,
Eide die brechen.

Öl dringend benötigt,
dafür Terror entwickelt.
Die Rohstoffe gesichert,
geopfert den Frieden.

Luxuriöse Präsenz,
an jeder Gala vertreten.
Ist die Wahl gewonnen,
fängt Prestige an zu leben.

Aus Wähler wird Zahler,
genommen sein Geld,
versprochen Vernunft,
am Ende gelogen.

Fatale Fehler begangen,
die Konsequenzen enorm.
Die Schuld verschoben,
das Volk gelitten.

Historisch unendlich,
das Spiel wiederholend.
Die Positionen verändert,
die Bürger betrogen.

Politik missverstanden,
Regieren der Sinn.
Doch geplündert
seit Jahren.

Gentleman

Er öffnet die Tür,
den Vortritt gewährend.
Gepflegt seine Erscheinung,
respektvoll sein Benehmen.

Ihr ständiges Wohlergehen
für ihn prioritär.
Seine Probleme zweitrangig,
ihre primär.

Von ihm auf Händen getragen,
fühlt sie sich geborgen.
Ihr Leben vollkommen,
durch ihn ohne Sorgen.

An jedem Feiertag Rosen,
wie auch regelmässig spontan.
Die Romantik betrieben,
das Feuer erhalten.

Charmante Worte
zur genau richtigen Zeit.
Eine liebevolle Umarmung,
in Liebe versunken.

Vom Aussterben bedroht,
eine moderne Rarität.
Von einer Frau entdeckt,
für sie von goldenem Wert.

Zweiergespräch

Ernste Gespräche
funktionieren zu zweit.
In der Gruppe unmöglich,
denn Scham vor Verspottung,
lässt das Leid verschleiern.

Auge in Auge,
Wort um Wort.
Zu verstehen heisst hören,
in direkter Linie,
niemals im Kreis.

Um Kummer zu brechen,
benötigt man Kraft.
Das Gegenüber ermutigt,
die Ratschläge
entlasten.

Fehlen die Zweiergespräche,
verfault die Seele.
Die Optik verblassend,
Pessimismus erwachend,
die Probleme schwerer.

Regelmässige Zweiergespräche,
ein primäres Dogma.
Widersetzung birgt Folgen,
der Schmerz vergrössert,
intensiver die Sorgen.

Churchill

Aufgewachsen unter Sündern,
mit Schreiben früh begonnen.
Angewiesen auf Freunde,
die Zahlungsmittel ein Mangel.

Impulsives Reden gelernt
trotz seines Gestotters.
Sein Wille enorm,
sein Ehrgeiz gefordert.

Aufgestiegen durch Beziehung,
sich mit Talent gehalten.
Das Publikum ihm hörig,
die Meinungen gespalten.

Die Monarchie für ihn
das einzig Wahre.
An der Seite sieben Monarchen,
im Königshaus gehalten.

Winston konnte man
hassen oder lieben.
Seine Rhetorik unvergesslich,
um seine Präsenz benieden.

Seine Reden provokativ,
ungekürzt verlesen.
Gelegentlich das Ziel verfehlt,
jedes Mal etwas getroffen.

Die Monarchie
wie Churchill gestorben.
Seine Biographie unsterblich,
ein Stück Geschichte.

Träume

Jahre vergehen,
alles läuft schnell.
Das Leben ein Rennen
ohne jeglichen Halt.

Wichtig ist es,
seine Ziele zu verfolgen.
Tun was man kann,
den Träumen vertrauen.

Es kommt der Tag,
wo man von Erden geht.
Dann fehlt es an Zeit,
bleibt übrig, was steht.

Setze auf Erden
dein individuelles Zeichen.
Erreich deine Träume,
das Erreichte macht Freude.

Ein Mensch, der lebt,
ohne einen Traum,
ist wie ein Baum ohne Luft,
stirbt einsam im Wald.

Ein Mensch, der lebt,
seine Chancen nicht nutzt,
wird pausenlos klagen,
lebenslang motzen.

Ein Traum kann bewegen,
kann unterstützen.
Auch wenn nicht erreicht,
dem Weg wird es nützen.

Kommt dann der Tag,
um von Erden zu gehen,
geht man lächelnd,
seine Träume hinterlassend.

Diskriminierung

Bestehend aus Blut,
aus massiven Knochen.
Gesteuert vom Hirn,
geführt vom Herzen.

Der Aufbau gleich,
quasi identisch.
Das Verhalten ähnlich,
universelle Gedanken.

Der eine kleiner,
der andere dunkler.
Jeder geboren,
naturell erschaffen.

Trotz Ähnlichkeit
wird unterschieden.
Länder, Sprachen,
Kulturen trennen.

Diskriminierung
wie die Grenzen,
erschaffen von Menschen,
blind belassen.

Toleranz als Ziel,
vielfach verachtet.
Blindaggressive Sturheit
trennt in Rassen.

Die Afrikaner versklavt,
die Juden geschlachtet.
Heute die Moslems,
die Zukunft offen.

Zusammen stark,
allein gebrochen.
Respekt der Vorsatz,
Frieden das Ziel.

Worte

Sie sind oft ehrlich,
aber oftmals auch falsch.

Der Mensch neigt zu lügen,
um sein Ego zu schützen.
Doch am Tag der Wahrheit
wird auch ihm dies nichts nützen.

Jede Lüge hat ihr Ende.
Unbestimmt die Dauer,
denn die Wende ist sicher.

Es ist heute Mode,
viele Worte zu gebrauchen.
Prägnanz bald vergessen,
auch der Wert am Verblassen.

Ob geschrieben oder gesprochen,
die Ehre sie leidet.
Inhalte werden verändert,
Sinne gebrochen.

Poesie bald vergessen,
das Triviale am Siegen.
Doch Lehren, die verschwinden,
kommen oft auch mal wieder.

Teurer Tod

Das letzte Zimmer,
für immer dunkel.
Geschlossen einsam,
tief im Boden,
in ewiger Ruhe.

Die Prozedur enorm,
die Kosten teuer.
Hinterlassene Gelder,
am falschen Ort,
falsch verwendet.

Die Alternative Verbrennen,
um einiges verkürzend,
ökonomisch vertretbar,
die Trauernden
entlastend.

Am Tage des Todes
sollte man sparen.
Gelder an Lebende verteilen,
welche weltweit
an Hunger leiden.

Den Tod zu schmücken,
entspricht purem Egoismus.
Gelernt sei zu trennen,
die Ressourcen zu nutzen,
am besten zu spenden.

Der Verstorbene benötigt
keinen Luxus, sondern
gefühlvolle Trauer.
Die Erinnerung sein Vermächtnis.

Der Tod ist ewig,
das Leben eine Dauer.

Tränenleer

Der Körper will weinen,
ist jedoch tränenleer.
Das Wasser verdunstet,
staubtrocken im Innern,
einsam der Kern.

Die Situation extrem,
für andere unbekannt.
Sie sprechen von Verständnis,
aber in Wahrheit
ist es ihnen egal.

Ihre Hilfe erdrückend,
der letzte Stoss.
Unterlassen wäre besser,
denn falsche Heuchelei
verstärkt den Schmerz.

Gewollte Hilfe,
besser als zu müssen.
Denn der Empfänger erkennt
Gespieltes oder Ernstes.
Die Konsequenzen sicher.

56

Naivität

Gesehen im Fernseher,
gehört im Radio,
verfolgt in der Zeitung,
geglaubt sei real.

Naivität ausgebrochen,
eine Volkskrankheit geboren.
Die Verbreitung rasant,
kein Arzt erkennt Symptome.

Die Welt dreht langsam,
der Mensch bewegt sich schnell.
Das Denken gestrichen,
Versionen eingepflanzt.
Zeit sparen die Devise.

Der Wortwert gesunken,
das Banale gestiegen.
Der Mensch überschätzt,
übersieht Manipulation.
Resultierend gewinnt das Böse.

Augen sind zum Sehen,
Ohren sind zum Hören.
Gefordert wird Vernunft,
als Kontra
zu Gerüchten.

Prognosen

Gesprochen wird vom Untergang,
von Erholung und Entstehung.
Die Ozonschicht sei zerstört,
heute wieder heil.

Der Weltuntergang sich
theoretisch mehrfach ereignet,
die Börse regelmässig gecrasht,
die Wirtschaft seit Jahren
am Leiden.

Das Wetter sonnig prophezeit,
sich regnerisch entwickelt.
Immobilienpreise sicher gepriesen,
am Ende massiv gestiegen.

Ein Jungspunt ohne Potential
erfolgreich promoviert.
Prognosen versprechen sicher,
schlussendlich leeres Geschwafel.

Ob ohne oder mit
präzisen Fakten,
der Mensch fühlt mächtig,
kann höchstens schätzen.

Jede Bewegung bleibt offen,
bis sie vollbracht ist.
Vertrauen naiv,
Kontrolle besser.

Unbefriedigend

Unsinnige Qualität,
mit Unruhe überschüttet.
Die Uhrzeiger stehend,
nervlich gebrochen.

Unproduktive Weise,
unfähig geführt.
Der Aufwand immens,
das Resultat: Enttäuschung.

Qualität gefordert,
plus Ruhe ein Segen.
Die Zeit würd zirkulieren,
der Puls sich korrigieren.

Für dumm gehalten,
sich so zu geben, verlangt.
Verkehrte Welt der Zustand,
unsinnig Lebenszeit verstrichen.

Turbulente Zeit

Leben der Status,
synchron am Leiden.
Keiner versteht,
innerlich verzweifelt.

Wortwellen fluten
an den Standpunkt Fels.
Wer im Recht ist,
lässt sich nicht brechen.

Jeder versteht,
meint es zu kennen,
Proformalösungen nennend
zum Schutze des Egos.

Unverständnis gestehen,
dem Menschen fremd.
Improvisationen vorgezogen,
Vertrauen erloschen.

Krieg

Feuerroter Himmel, ein riesiger Knall,
Menschen in Panik,
Feuer in Dorf und Wald.
Krieg zieht über Land und Volk.
Kein Ort ist mehr sicher.
Was folgt, ist die pure Gewalt.

Seit dem Anfang der Geschichte
wird gekämpft um Macht,
um Religionen und Länder.
So viele Jahre fliesst Blut,
ohne ein Ende.

Seit dem Anfang der Geschichte
will jeder mehr als der andere.
So viel Blut an den Händen,
so viele Leichen im Boden.

Riesige Angst in den Gesichtern der Leute,
ein Hass der sich anstaut,
der Drang nach Vergeltung.
Die Flieger bedecken den Himmel,
die Panzer den Boden.
Sogar die Engel schliessen ihre Augen,
fliehen hoch nach oben.

Ein bitteres Ende, ein Waffenstillstand.
Ein eiskalter Wind zieht über's Land.
Die weisse Fahne erhoben,
der Himmel wird blau.
Menschen ohne Zuhause.
Es ist alles zerstört,
überall.

Über den Autor

Sascha M. Campi, geb. 1986 in Aarau. Ehemaliger Werbeverkäufer, Barbesitzer und Geschäftsführer einer Disco-Bar, hat sich während einer Haftstrafe zum Buchautor entwickelt. Heute ist er Mitglied des Berner Schriftsteller Vereins, sowie als Ghostwriter, Biograf, Krimiautor und als Kolumnist im In- und Ausland spezialisiert auf das Thema «Crime» tätig.

Bücher:

2018	Vom Fuchs zum Wolf	Belletristik	Münster Verlag
2019	John Berger – In Teufels Klapse	Thriller	BoD Verlag
2019	Mein Leben als Schneekönig	Biografie	Münster Verlag
2019	Lebenskurs	Gedichtband	BoD Verlag

Weitere Informationen über den Autor und seine Bücher:

Webseiten:	www.smc-books.ch
E-Mail:	smc@smc-books.ch
Facebook:	Sascha Michael Campi
LinkedIn:	Sascha Michael Campi